Nénelle la Coccinelle

ISBN : 979-10-326-7359-1

Loi n°49-956 du 16 juillet 1949 sur les publications destinées à la jeunesse, modifiée par la loi n°2011-525 du 17 mai 2011. Dépôt légal : mai 2022

Nénelle la Coccinelle

Texte : Christelle PASTORE

Illustrations : Ella BISCHOFF

pollen
Nectar
composte
chaco
Chez Tonton

Un jour qu'elle avait traîné autour du stand et grignoté par-ci par-là de petits éclats de glace éparpillés autour du comptoir, Nénelle rencontra son ami Blaise, qui était venu s'acheter un nouveau parfum.

— Salut, Blaise, dit Nénelle la coccinelle. Que fais-tu par ici par cette journée ensoleillée ?

— Falut, Nénelle, fe suis venu m'affeter un nouveau farfum pour fentir encore meilleur.

Blaise parlait avec un drôle d'accent, car la semaine d'avant, il avait perdu sa dent de devant.

— Et toi, Nénelle, qu'est-fe que tu fabriques ifi ? lui demanda Blaise.

— Oh rien, je volette par-ci, par-là.

— Fe vois, fe vois, lui répondit la punaise.

FA

LUT!

— Oh, tu fais, moi, fe n'aime pas trop me falir les doigts, répondit Blaise.

— Il faut que tu m'aides, Blaise ! Mes pattes ne sont pas assez longues pour atteindre mon dos toute seule !

— Bon. Fe veux bien t'aider. On pourrait peut-être aller dans la forêt, et tu pourrais te frotter contre une marguerite. Fe suis sûr que fa marfera.

— Oh oui, Blaise ! Quelle bonne idée ! Allez, ne traînons pas.

Les deux insectes se mirent en route. Chemin faisant, ils passèrent au-dessus d'un pâturage, dans lequel des vaches broutaient paisiblement.

La coccinelle, ne voulant pas passer pour une peureuse, s'élança en direction d'une vache blanche et noire, se posa sur son dos et commença à se frotter les ailes contre les poils de la bête pour les nettoyer.

Blaise la rejoignit. La coccinelle se releva et lui demanda :

— Alors, ça y est ? Les taches sont parties ?

La punaise inspecta le dos de Nénelle et répondit :

— Non, elles font encore là, il faut que tu frottes plus fort.

La coccinelle frotta ses ailes de plus belle, et tout à coup, les deux amis entendirent la vache meugler et au même moment, ils virent sa longue queue qui se dirigeait droit sur eux pour les fouetter.

Ils eurent à peine le temps de s'envoler pour éviter le coup de fouet.

La punaise sourit de toutes ses dents - enfin, toutes ses dents et un grain de maïs - et répéta la phrase, sans aucun accent et sans se tromper.

— Ouais, super, ça marche, Blaise ! On a réparé ta dent ! Bon, maintenant, il faut qu'on trouve une marguerite pour nettoyer mes taches. En route.

Les insectes arrivèrent dans la forêt et se posèrent au bord du chemin, au bord duquel de part et d'autre se trouvaient toutes sortes de fleurs sauvages. Ils finirent par tomber sur une belle et grande fleur aux pétales blancs et au centre jaune.

— Alors c'est ça, une marguerite ?

— Je ne sais pas si c'est ça, répondit Blaise, mais je crois que ça fera l'affaire. Vas-y, frotte-toi.

Et Nénelle recommença son manège. Elle frotta à gauche, à droite, au milieu. Quand elle estima qu'elle avait assez frotté, elle redescendit près de son ami pour lui montrer le résultat.

— Est-ce que je suis propre, Blaise ? demanda la coccinelle, les yeux pleins d'espoir.

La coccinelle ne put faire autrement que de sécher ses larmes en voyant son ami sourire ainsi.

— Merci, Blaise. Mais comment je vais expliquer à Maman l'état de mon dos ?

— On va te nettoyer. Fiens, allons fite à la rifière.

Nénelle eut envie de corriger son ami et de lui dire qu'on ne disait pas « rifière » mais rivière, mais elle se dit que ça ne servirait à rien.

Les deux insectes se dirigèrent vers le point d'eau et Blaise accepta de nettoyer le dos de Nénelle. Il prit de l'eau et commença à frotter.

— Fa a l'air de partir avec l'eau, rassura-t-il Nénelle.

— Ah ça, c'est une bonne nouvelle ! se réjouit la coccinelle.

— Par contre, ajouta Blaise, les taffes font toufours là.

— Oh nooooon ! s'énerva Nénelle. Mais qu'est-ce que je vais faire ? Je vais être punie, là, c'est sûr !

Les deux amis se quittèrent au village et Nénelle rentra chez elle, fière du stratagème qu'elle avait trouvé pour cacher ses taches.

— Coucou, ma grande! dit Maman quand Nénelle passa la porte. Tu as passé une bonne journée ?

— Oui, Maman c'était super!

— Ah oui, et qu'est-ce que tu as fait de beau ?

— Oh, rien du tout, mentit Nénelle, j'ai voleté par-ci par-là.

— D’accord, je vois. Allez, va te déshabiller, c’est l’heure de la douche.

— Oh non, Maman, pas ce soir !

— Comment ça, pas ce soir ? Tu as passé toute la journée à traîner dehors, tu as besoin d’une bonne douche ! Pas la peine de discuter. Va te déshabiller, j’arrive.

Nénelle baissa les yeux et se dirigea vers la salle de bains, inquiète.

cacao

Lorsque sa maman arriva dans la salle de bains, Nénelle était déjà sous la douche, sa cape toujours sur le dos.

— Nénelle, mais que fais-tu avec cette feuille dégoûtante sur le dos ? Enlève ça tout de suite pour te laver.

— Mais, Maman, ce n'est pas une feuille, c'est ma cape de super-héros ! Je ne peux pas l'enlever !

— Oh que oui, tu vas l'enlever, et tout de suite, répondit Maman, qui commençait à s'impatienter.

Maman retira la cape du dos de Nénelle et lorsqu'elle vit son dos, elle poussa un cri :

— Oh, mais quelle horreur ! Qu'as-tu fait sur ton dos, Nénelle ? C'est dégoûtant ! Tu es pleine de poils et de pollen.

Nénelle fondit en larmes.

— Je suis désolée, Maman ! Je vais tout te dire. Je suis allée picorer des éclats de glace chez le marchand, et je me suis sali les ailes. Blaise m'a dit que j'avais six grosses taches. Je ne voulais pas me faire gronder, alors avec Blaise, on s'en est allés chercher une solution pour les enlever. D'abord, je me suis frottée sur une vache, mais elle nous a fouettés avec sa queue, alors on s'est enfuis.

Ensuite, on est allés dans la forêt et je me suis frottée sur une fleur pour nettoyer tout ça, mais j'étais toute jaune, alors Blaise m'a nettoyée à la rivière et les taches étaient toujours là, alors on a fabriqué ma cape pour les cacher.

Maman éclata d'un rire sonore.

POllEN

Nénelle regarda sa maman avec de gros yeux, elle ne comprenait pas ce qui la faisait rire.

— Tu vois, Nénelle, tu as reçu une bonne leçon, aujourd'hui ! finit-elle par dire, entre deux éclats de rire.

— Pourquoi, Maman ?

— Est-ce que tu avais déjà regardé ton dos avant aujourd'hui ?

Nénelle réfléchit et finit par dire :

— Non, je ne crois pas.

— Je ne crois pas non plus. Tu sais pourquoi ? Tes ailes n'étaient pas sales, ce matin. Tu as toujours eu des taches noires dans le dos ! Comme toutes les coccinelles ! Regarde.

Maman se tourna et enleva sa chemise pour montrer son dos à sa fille.

Nénelle en resta bouche bée. Sa maman avait aussi des taches sur son dos. Elle ne l'avait jamais remarqué.

— Alors je ne m'étais pas salie chez le marchand de glaces ?

— Eh bien non !

— J'ai fait tout ça pour rien, alors, toutes ces aventures pour faire disparaître mes taches alors qu'en fait, elles étaient déjà là !

— Si tu n'avais pas fait la coquine en allant fouiner chez le marchand de glaces, rien de tout cela ne serait arrivé.

— Oh, c'est vrai, Maman. J'aurais mieux fait de t'écouter, dit Nénelle, le regard triste. Je te demande pardon, Maman.

— Ce n'est pas grave, petite coquine, je crois que tu as été assez punie avec tes aventures pour aujourd'hui. Allez, on va laver ce dos, et on n'en parle plus.

Achevé d'imprimer en France par
Centre Littéraire d'Impression Provençal
imprimerie-clip.com
Imprimé sur papier Clairefontaine fabriqué dans les Vosges.